GENUINOS
SON LOS LUNES

Luciano Núñez

Prólogo
Angélica Diaz Ceballos

Edición:
Luciano Antonio Núñez

Corrección:
Agustín Labrada

Diseño:
Arnaldo Blanco Leal

Ilustración de portada:
Luciano Emanuel Elizalde

ISBN: 9798304118781

DESOLACIÓN, UTOPÍA Y UNA SECRETA FE

E scribo este breve texto, a manera de prólogo, para celebrar la creación de *Genuinos son los lunes*, poemario del poeta nacido en Tucumán, Argentina, en 1976, Luciano Antonio Núñez, y radicado en Cancún desde hace ya algunos años. Es autor del libro de periodismo cultural *Voces que vuelven*, del poemario *Tan lejos y otra vez en casa* y la novela *Magnificens Cancún* (Porrúa 2022); algunos de sus cuentos aparecen en la revista *Gaceta del pensamiento* y es director de los portales *Grupo Pirámide* y *Vértice*.

En *Genuinos son los lunes*, Luciano nos comparte emotivos poemas con remembranzas del coloquialismo, en un discurso directo, con escasas metáforas, que apuesta más por la carga emocional y el ritmo que por el lenguaje tropológico, lo que hace el poemario de lectura fluida, nítida y comprensible para todo lector.

Los tópicos que mueven al poeta son el amor; la familia, el miedo, el tedio, el desamor, la injusticia, los entornos sociales de su natal Argentina y del nuevo mundo, al que se integra día a día, entre ricos y pobres, nuevos amigos, sueños que persigue, como persiguió la cometa de su infancia, donde el viento se anudó en su garganta para decirle quién manda en la extensión de su alma; las ausencias y la soledad del inmigrante, que levanta una casa con la esperanza de que sea un hogar; la nostalgia; el conflicto con la compañera y la distancia. Todo ello lo deja de pronto frente a la nada, con las manos vacías.

> Mi mundo era una isla
> y dejé que la invadieras
>
> en la vasta pradera para dos
> sólo una espina
> tu rosa nunca dio flores...

Los recuerdos y la incertidumbre son algunos de los temas que aborda Luciano.

Y de repente estás
atrapada de nuevo
y quieres dar vuelta a la página,
y no queda más que beber aire,
sentir cómo cambia la luz
para ver otros rostros...

El poemario está formado por textos escritos en verso libre, la mayoría de pequeño o mediano formato, y en algunos prevalece la alegoría como figura retórica.

Luciano avanza sobre el tapete de la existencia con la consigna de descifrar sus pasos, de nombrar las cosas que percibe bajo el crisol de una sensibilidad que lleva al poeta a los mundos sutiles del tacto, la vista, las sensaciones del fuego, el refugio que encuentra en la piel de la mujer amada, el anhelo por perpetuar la vida.

Una de las virtudes que se visibilizan en estas líneas es la sinceridad. A golpe de verdades, sus verdades, el sujeto lírico enrumba por un lenguaje casi llano en su semántica, pero, a la vez, profuso en sentimientos que trasgreden épocas y límites, porque son estandartes de la condición humana que logran traslucir aquí con su carga dramática.

Las tensiones y laberintos que arrastra la migración fluyen en más de un poema. La imagen del pasado que quiere esfumarse y salva la remembranza, y un presente que a ratos se erige sobre arenas movedizas, sin certezas, van erizándose en su desolación, pero también en la utopía y, aunque emerja con amargura, suele desplegarse una secreta fe.

El poeta alimenta su nostalgia con figuras de la lejanía, como su niñez en los patios, y se muestra como un hombre, en ocasiones atormentado, por la decisión de salir de casa para encontrar un futuro en otras tierras. En otros poemas, busca un amor profundo que sostenga su latido.

Me costará deshabitar este lecho
que ha sido mi morada,
mi cárcel y mi cruz.

El poeta vive el insomnio que le provoca el desamor: *"El estómago y el pecho se funden en remolinos..."*

También evoca la ternura en este fragmento:

> *Tenía esperanzas de que*
> *simplemente aparecieras*
> *de nuevo desde la nada.*

La esencia lírica lo lleva a una sonoridad rica en la cadencia de los versos, buscando el equilibrio entre la expresión estética y la profundidad del contenido. Otras veces, con imágenes desgarradoras, también puede ser muy puntual, como en este fragmento del poema dedicado a su padre:

> *No abracé con él ese tiempo*
> *en el que la vida es sólo sentarse*
> *a ver cómo se desvanece una tarde.*

Para finalizar: el poema "No iré a tu funeral", dedicado a su madre, quien es para el poeta la figura más ponderante y, ante la posibilidad de la muerte, se lamenta porque tal vez no pueda ir a despedirla, en una especie de tristeza que se trasmina en sus anhelos y la lleva consigo zurcida a la memoria en cada movimiento.

> *No iré a tu funeral.*
> *Bajé a mi sótano a decírtelo*
> *y no se abrió ni una lágrima.*
> *No pude, madre.*

> *Sólo te ofrezco mis augurios:*
> *Todo el pueblo caminará contigo,*
> *al lado de tu nombre blanco.*
> *Irán los pájaros que alimentaste*
> *y los perros que te cercaron.*

Queda en manos del lector una obra que el poeta ha destilado desde las entrañas de su percepción, su dolor y sus impresiones en sucesos cotidianos donde permea su sentir.

Cancún, México, 30 de noviembre de 2023
Angélica Díaz Ceballos Graf

BARRO, NIEBLA Y LUZ

Las palabras,
el reino de las palabras será tuyo cuando
el agua circular de la noche
deslice su nueva melodía y,
a ciegas,
las aves vayan como saetas
a estrellarse en algún ocaso
que ya no verás.

Detrás de ti,
alguien hablará de esos días,
apenas unas horas
en alguna calle roída de Cancún.

Recordarás
que todo tiempo fue poco y
que toda gloria
no es más que una invención de la nostalgia.

Las palabras,
el breve reino que ellas elucubran
serán una trampa.
Y todo lo que habrás construido
tendrá la permanencia del barro en la vasija.

Dirás que nadie escucha
y romperás la soledad de tu vida
contra otra soledad.

Amarás,
cuando se ama sin amor,
por ejercicio o salvación.

Luego,
pensarás en esa fatiga
con que se envuelven las horas,
en aquel tiempo que pasa
y se diluye como la niebla.

Sólo cuando esto suceda,
te levantarás de la silla,
encenderás una vela y querrás soplarla,
dudando si toda vida no es más que eso:
una luz vacilante ardiendo en tu pecho.

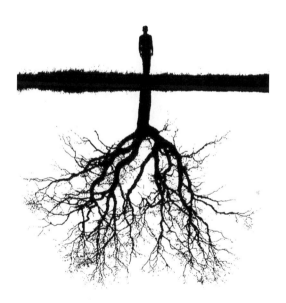

GENUINOS SON LOS LUNES

Detesto los fines de semana,
con sus falsos amigos
y los rituales que me reclama la casa.

Genuinos son los lunes,
con sus obligaciones sin sentido,
pero productivas:
como en las cajas de un banco,
los pupitres del aula,
y los estetoscopios
conectados al pecho
de los desconocidos que sufren desamor.

Fracaso cuando emprendo el ocio.

En la patética felicidad del descanso
me rompe el vacío:
sin la obligación de blandir una herramienta
rehacer un verbo,
montarme una guitarra
o pulir el piso.

NAUFRAGAR

Un viaje,
un trabajo,
un hogar.
Una separación,
una amenaza,
y una novela.
Añoranza,
soledad,
arena,
playas con sargazo
y una manada de turistas ebrios.

Arriba
los muebles anuncian
que te marchas
del mundo grande
que me abriste.

ENTENDÍ EL VIENTO

Lanza una cometa
si quieres estudiar el viento.
Extensión de tu alma.
Aleteo a pecho inflado,
Ave apócrifa que se erige a lo sublime.
Viaja.
Lanza tu cometa,
y entenderás que el viento manda.

FUGACIDAD

Volverán tus ojos a la noche en que naciste,
a los porfiados recuerdos que acarician los campos de tu infancia,
a la tarde en que se abrió el cántaro que cifraba tus besos.
Algo persiste en tu incierta memoria.

Todo llegará al fin y al inicio
al despertar de esta paz y esta guerra:
El enredo o la planicie en que vives   al mismo túnel conducen.
Pasarán los peces y las estaciones
que no reparan en tu desdicha ni en tu júbilo.
Sé libre.

CATALINA

Regreso de la escuela.
De lejos veo a una niña extraña:
tiene mi altura y la edad de mi madre.
Es Catalina.
Alza la mano
para citarme en el sendero.
Llego y no dice nada:
abre sus dedos rugosos
y surgen para mí,
como perlas,
cuatro huevos diminutos
de sus gallinas
Kriel Holandesa y Nagasaki.

TUVE UNOS ANTEOJOS

Tuve unos anteojos
que Dios diseñó para mí.

Compré un auto
con el soplo mejor de mis pulmones.
Ah, y un reloj para medir mi tiempo en la Tierra.

Un día vino una ola y nos tragó,
nunca supe dónde fue a parar todo aquello.
Me quedé sin ojos sin distancia y sin tiempo.

Piqué piedra para labrar a un amigo.
Descendí a mis catacumbas
para encontrar el amor y a una mujer,
y me quedé sin amigo y sin ella.
Sólo me tuve a mí,
con mi latido inútil,
y mis uñas.

LÉASE DEL DERECHO Y DEL REVÉS

Brotan burbujas cuando te recuerdo
han quedado yermos
los volcanes de mi isla

busco el patio en el que mirabas la rosa:
al fondo de este mundo que me heredaste

entre los senderos que dibujan mi vida
volví a la rutina del tedio y la penumbra:
me convertí en un terrateniente triste

un día cruzaste la única frontera
habías surcado la tierra
sembraste burbujas
tu rosa nunca dio flores
sólo una espina
en la vasta pradera para dos

dejé que la invadieras
Mi mundo era una isla.

Mi mundo era una isla
dejé que la invadieras

en la vasta pradera para dos
Sólo una espina:
tu rosa nunca dio flores

sembraste burbujas
habías surcado la tierra

un día cruzaste la única frontera
y me convertí en un terrateniente triste:
volví a la rutina del tedio y la penumbra
entre los senderos que dibujan mi vida

al fondo de este mundo que me heredaste
busco el patio en el que mirabas la rosa:

los volcanes de mi isla
han quedado yermos
Brotan burbujas cuando te recuerdo.

EL OTRO SUEÑO

Soñé con un amigo muerto
y no me dijo nada.

Me entregó las llaves de otro sueño,
e hizo glifos extraños en el aire.

Me dibujó otra llave.

Al despertar,
marqué su número
para decirle que lo extrañaba.
No sé si he despertado,
sólo escuché la penumbra.

RODEADA

Y de repente
te sientes rodeada,
sin fuerzas,
sin ganas;
o lo que pensabas ya no es
o ha cambiado.

Y de repente estás,
atrapada de nuevo
y quieres dar vuelta la página.
Y no queda más que
beber aire,
sentir cómo la luz cambia
y entra a tu vida
para ver otros rostros,
como alas de una mariposa
que transmutan a alguien,
en otra esquina del mundo
que te espera.

ESTATUAS DE AYER

Las estatuas que levanté
vigilan mis noches estériles.

Pasa el sol
zurciendo otoños en el cielo.
Y no tengo aliento para salir a contemplarlo.

Espero un viento que remonte mi vida,
que pase doblando palmeras,
que me toque
que me eleve.
Sigo en mármol.

DECEPCIÓN

Los ricos me han decepcionado
otra vez.
Me invitaron a sus casas de mármol,
mas en ellas
no había nada que sirviera,
ni una palabra, ni una red.

Los pobres me han decepcionado
también.
La casa del herrero era de palo,
los huertos se habían secado,
sólo hay malezas en pie.

He pasado 800 años en esta tierra.
He visto:
el pragmatismo febril,
el rostro envilecido,
la cama estrecha
y la fusilada pared.

Los ricos y los pobres
impregnan su tedio de desierto al paraíso;
a las universidades y los centros partidistas.

Mas la ilusión no estaba ahí,
sino en las manos de mi zapatero Luis,
que ha puesto su don
al servicio de mis viajes y mis vuelos;
o en Eloísa:
la mujer que bordó
mi cumpleaños,
y en ese grito de gol
anónimo en la plaza.

En el instante en que me seco el rostro,
me detengo y pienso en ti.

Ricos y pobres pidieron mi cabeza
y mil veces se las han entregado.

Y sin embargo sigo aquí:
sembrando esta inutilidad
que no me dará para la cena.

Viviré asido a mis pájaros,
que no piden nada,
o iré a la casa del Pescador,
donde la abundancia es verbo.

DISRUPTIVE I

Yo no sabía que
con mi torpe respiración
agitaba tus pétalos y tus párpados.
Te ofrezco
el único elixir para atenuar mis efectos:
distancia.

UN REPELENTE

Habló de un chip
incrustarlo entre nosotros:
no quiere procrear.

He sentido ganas de esquivar sus piernas suaves:
lo mío no es lanzar cromosomas que naden al abismo,
que corran suicidas sin saber,
que vuelven al polvo,
sin haber nacido.

PLASTIC

Ha regresado a casa esa mujer.
Intento que vibre y fracaso.

Me desplomo.

No suena en ella el misterio de la campana.
¿Soy de plástico?

Recreo mi mapa,
concluyo que estoy vivo.

Todo fluye en los albores:
ella se concentra y yo sucumbo,
o al revés.
No hay constelaciones
ni explosiones de volcanes.
Mi magma nada provoca.
Insisto.
Rezo mirando al techo
que para mí es el rostro de Dios,
por un milagro para los dos.

RAVE

Comimos pizzas,
bebimos agua.
Fue como ir a la iglesia
sin comulgar.

Una parte de nosotros
quiso salvar
la insana conciencia
después de una conversión.

Apareció Marte,
rencoroso y cercano.
Se abrieron las constelaciones
para el Universo que estaba adentro.

DE MI INFANCIA HASTA EL PATIO

De niño destruí la obra de Dios:
maté sus pájaros,
derrumbé puentes
con seres hoy distantes
y me fui desnudo del país.

Con el tiempo,
me inventé una casa,
planté una ceiba
y construí un asador.

El árbol trajo nuevos pájaros
que hicieron nidos,
cagaron el piso,
tejieron colores
y silbaron salmos de guerra.

El asador convocó fantasmas
que poblaron mis fiestas
y rompieron mis copas.

Así ha seguido la obra de Dios en mí:
de mi infancia hasta el patio.

LOS PLANETAS

Sintieron
que la sal les carcomía el fuego,
que los huesos se secaban
por agua o desamor.

Buscaron sus pasos,
un atajo al encuentro,
y amaron y bebieron el elixir.

Giraron los planetas.

Crearon constelaciones
caminos y versos
que llevaron al agua
que hoy el tiempo diluye.

PUERTAS

Puerta del exhalo final y púrpura:
mi boca,
túnel del mundo.

Fuente inagotable de juventud:
la tuya.
Éxodo de pétalos a otra galaxia.

Pedregosa agonía,
distancia entre latido y silencio.

Angustia es mi boca,
a salvo está la tuya.

INSOMNIO

No me pidas que duerma.

Hoy los álamos de tu casa
sostienen mi insomnio.

El estómago y el pecho se funden en remolinos,
y un rencor vagabundo golpea mis sienes.

Vivir lejos de ti
moldea el dolor sobre mis hombros.
Mi sangre hierve
en tu recuerdo.

Ya no duermo,
rondan las siluetas que tejen mi noche.

MORIR ANTES QUE TÚ

Temo morir antes que tú,
abandonar este traje,
el ámbito que construimos:
un tizón en el lecho,
la tela ardiente en la arena,
nuestros buenos días
que florecen en las piernas de las sábanas.

Temo irme antes,
en la borrasca del atardecer,
dejando sin calor
el sol de nuestro abrazo.

Busco ubicar un consuelo
como quien busca sal en la nieve.
Palpo recuerdos,
fundo imágenes con tu sonrisa
y rehago nuestro universo.
Ya no soy carne,
sino un recuerdo.
Adivino otra patria.

ONROTER

Volver es entrar descalzo al jardín,
recostarse sobre los clavos de la cruz.

Ahí está ese ser
que pateaba una piedra
y rompía el zapato.

El retorno es un arado
que abre silencios y amarguras.

La ciudad está vacía y sin estribo,
y aunque no llega a devastarme,
me inocula su dulce letargo.

Tejo estas líneas,
con la desolación de un músico
que repite la misma canción.

CANCÚN Y YO BAJO EL AGUA

I
Una sombra cayó del cielo.
Cancún ha quedado bajo las aguas.

Sobrevivimos un puñado en la azotea de un hotel.
Primero nos unieron el horror y el caos.

Ahora,
nos dividen el hambre y la tristeza.

Pasa el día.
Destilamos agua y pescamos,
nos sentimos adanes y evas
en esta isla de cemento.

Abajo nos circundan las siluetas,
allá reinan otros seres.

Nos amamos,
nos peleamos
y nos matamos.

Pasan los días y la recuerdo.

II
Ha venido un barco,
un antiguo yate en decadencia.
Sus moradores también están en harapos.

Tenía esperanzas de que
simplemente aparecieras
de nuevo desde la nada.

Somos más y los continentes ya no existen.
Como Colón,
soñamos un mundo nuevo.

DISRUPTIVES

Regreso a mi caverna:
la maceta está vacía.

Me invaden
la inutilidad de los fertilizantes
y los periódicos: que nada remiendan
en este mundo que se marchita.

Me inunda el Sísifo consciente
que derrota al día con su piedra.

Me costará deshabitar este lecho
que ha sido mi morada,
mi cárcel y mi cruz.

Sé que llegarán otras paredes:
siempre hay una mortaja para esta selva.
Dejo aquí las raíces retorcidas de mi primera novela.
Seré sombra o luz
donde me caiga la noche.

ES BUEN TEDIO URDIR UN CAMINO

Es buen tedio urdir un camino,
cargarlo como una hogaza de pan.

Soy un aburrido
con el plan nuestro de cada día:
que hace ejercicio los sábados,
que lee los domingos
y levanta piedras de lunes a viernes.

Tendría que ahorrar esta sabia
para escribir
esa música
que entienda tu corazón.

ASÍ ERA MARTHA

Así era Martha:
se emocionaba con los tangos chinos.
Lloraba por esas historias
de los arrabales de Oriente.

Y un día quemó naves y se fue a buscar un amor
en un Caminito (*) de Tokio que no existía.

(*) Caminito es un barrio de Buenos Aires, reconocido mundialmente por su colorido y ubicación, al lado del Riachuelo y el estadio de Boca Juniors.

DIOS NOS HIZO SIN ALAS Y SIN RED

Soy sobreviviente
de tu muerte y tu locura.
Bastardo lector,
ineficaz imitador.

Dios nos hizo sin alas y sin red.

En esta manada
el aullido está huérfano,
y en la fiesta taciturna
nadie empuña la metáfora.

Dios nos hizo sin alas y sin red.

Soy guardián de tu tinta
coagulada con lugares:
cumpleaños, jazz,
humos y psicodelias.

Dios nos hizo sin alas y sin red.

¿Qué pasará cuando se apague esta memoria?
Sólo quedará aquel perro muerto de la calle
desmesura
sedimentos de poesía *underground*.

A todos los hombres
Dios nos hizo sin alas y sin red.

(A **Jorge Concha Lozano** *QEPD*)

EL ARQUERO

Esta tarde
vi llorar a mi viejo.

No abracé con él ese tiempo
en el que la vida es sentarse
a ver cómo se desvanece una tarde.

Con los años
entendí que el viejo guardaba secretos.

Aquella vez
sus sienes plateadas no entendían
el destino de un amigo muerto,
ni a dónde van los recuerdos.

Era arquero
y así entendía la vida.
A veces no son suficientes
ni las piernas ni las lágrimas
y el gol infla la red de la espalda.

Llegó el día en que se apagó
como se desvanece el fuego en los cerros
en una cama de hospital público.
Y mi padre me entrega el balón seguro
al pie
cuando un amigo es otra luz.

NO IRÉ A TU FUNERAL

No iré a tu funeral.
Bajé a mi sótano a decírtelo
y no se abrió ni una lágrima.
No pude, madre.

Desde hace tiempo nos dijimos adiós.

Así como me enseñaste
la magia de una cometa,
aprendí a viajar sin mapas.

No estaré ahí,
para mirar el último cuenco de tus manos,
como la noche en que velaste mis oraciones,
cuando nadie entendía el destino de mi batalla.

Es tu funeral
y me siento en soledad.
Amarga sabia de rencores,
verde nostalgia de un tiempo perdido.

Sólo te ofrezco mis augurios:
Todo el pueblo caminará contigo,
al lado de tu nombre blanco.

Irán los pájaros que alimentaste,
las sombras que te cercaron
y que jamás eclipsaron tu luz.

Ahora entierro tus suspiros:
fui padre y madre:
escribí unas páginas de mi vida.

Tu mente es una ola
que va borrando los márgenes de día,

y quedan delgadas huellas de tu infancia
migrando a su retorno.

Ya no habita en tu iris
aquella partícula de Dios.

Te fuiste mucho antes del exhalo final.

No llegaré a tu velorio ni a tu entierro
ni a tu cumpleaños:
volé lejos
buscando ser el que fui y no soy.

Llego tarde a tu crepúsculo,
a la última cuenta del rosario.

Y ESCRIBO

Mis versos no están
en la crítica o el mercado.
Nada: ni perlas ni laureles ni diatribas
nada más olvido.

Ni un premio
marginal o epicéntrico,
ninguna bofetada
ni caricia.

Y sin embargo,
crece,
en la hoja y el grafito
una puñalada tornasol
allá en mi abismo.

Si dediqué esta vida
a la estéril vigilia de metáforas
merecería acaso un aliento
palmadas o susurros:
siga.

Y sin embargo.
Nada.
Aún así, insisto.

Porque,
aunque se derritiera el mundo hoy
y nunca llegara a ser leído
me habita esta tinta
Indómita y fluorescente.

Vivo porque escribo.

GÉLIDO CANCÚN

Las noches de noviembre
serán impiadosas en Cancún
con los vagabundos, las zarigüeyas y las prostitutas.
Condenada sea la desnudez tropical.

En este noviembre
podría aneblar mis ojos,
que a plena luz
inundan el tuétano de mis cabellos
para confirmarme
que aún yazgo en la telaraña de la publicidad.
Oh, señor, santificado:
¿Dónde está la censura cuando más se necesita?

Las noches de noviembre
este año en Cancún,
serán un cuchillo inclemente
con las prostitutas
(que salvan las sombras del desamor).
los vagos que empuñan la libertad
y las zarigüeyas
que gestan la madrugada.
Oh, señor,
¿Dónde están tus dones?

Ondulantes en los yates
esquivan los usureros
el diezmo y la limosna
Y por eso dime:
Oh, señor,
¿dónde está Hacienda cuando más se necesita?

Mientras,
va marchitándose la Nochebuena de mi conciencia
y me pregunto:
¿Dónde está, señor, aquel sendero que me enseñaste?

¿Podrá noviembre despojarme de mis culpas?
¿Podrá recordarme
la distancia sideral a la costa de la infancia?

Por estas fechas migra
el deseo de despojarme de esta manta
(que traigo todos los días)
Oh, señor, dime:
¿Dónde está la justicia en tu reino?

Me nace,
(y no es frecuente)
compartir la hogaza de pan
que todas las mañanas recibo de tu cielo,
(en esta roca peregrina y peninsular):
Y me pregunto: Oh, señor:
¿Dónde están los arcángeles para los vagabundos,
las zarigüeyas y las prostitutas?

Es noviembre señor:
la noche gélida en Cancún
me recuerda que existo
y que el éxito no es nada en tu reino.

ÍNDICE

**GENUINOS
SON LOS LUNES**
LUCIANO NÚÑEZ

**SUPLEMENTO LITERARIO
DE GRUPO PIRÁMIDE**

Made in the USA
Coppell, TX
12 January 2025

43411285R00028